Die Freiheit, die ich meine – Berufung, Vereine und Ehrenamt

Bibliografische Information der Deutschen Nationalbibliothek:
Die Deutsche Nationalbibliothek verzeichnet diese Publikation
in der Deutschen Nationalbibliografie; detaillierte bibliografische
Daten sind im Internet über http://dnb.dnb.de abrufbar.

Juni 2016

Verlagsprojekt www.besser.info
Förderinstitut für Lebensqualität e.V.
Postkellerstraße 18
83329 Waging am See
Tel. 08681/45227
info@FFLQ.eu

ISBN: 978-3-9817899-0-4

Manuel Martin Siegfried

Die Freiheit, die ich meine

Berufung, Vereine und Ehrenamt

Verlagsprojekt www.besser.info

Ihr werdet
die Wahrheit
erkennen,
und die Wahrheit
wird euch frei
machen.

Joh.8.32

Haftungsausschluss

Verlag, Herausgeber und Autor übernehmen keine Haftung für jegliche Aktivitäten auf der Grundlage dieses Buches oder der Beispiele in diesem Buch. Jeder ist für sein Handeln selbst verantwortlich. Dieses Buch stellt keine Rechtsberatung dar und es soll diese nicht ersetzen. Es berichtet über Ideen und Beispiele aus der Praxis. Diese erheben nicht den Anspruch auf Allgemeingültigkeit, jede Situation ist individuell. Im Zweifelsfall können zugelassene „Spezialisten" hinzugezogen werden.

Inhalt

Vorwort

Das Leben zu ver-einfachen ist eines der großen Anliegen vieler Menschen. Ob dies im normalen Alltag geschehen sollte oder in unseren Berufen und Unternehmen - überall ist Vereinfachung möglich und meistens sinnvoll.

Die Voraussetzung dazu ist allerdings die Bereitschaft, ein Miteinander anzustreben, ein „In-einander“ zu wollen, zu wünschen und in die Tat umzusetzen resp. ins Leben hineinzutragen.

Wir lernen dabei, was Selbstverantwortung bedeuten kann, im Geben und im Nehmen. Mein Ego darf leiser werden, weil das „Große Ganze“ wichtig, eventuell sogar wichtiger geworden ist als mein früheres eingleisiges Denken.

Ich beobachte, dass diese Dinge in der heutigen Zeit mehr und mehr an Wert gewinnen.

Dadurch entstehen automatisch die geliebten Win-Win-Situationen, die uns in dieser Gemeinschaft wachsen lassen.

Außerdem wird uns eine persönliche Entwicklung, die durch und mit diesem Tun der Verein-fachung entsteht, „einfach so“ mit geschenkt. Absolut zum Wohle aller.

Von all diesen Möglichkeiten erfährt man nun in diesem Buch und ich wünsche viel Freude beim Lesen.

Ulrike Martin
Akademie für Bewusstes Leben e.V.

Autorin des Buches: Glaubensätze – Erfolgszerstörer oder Lebenssprit, Bremse oder Flügel
www.lebenssprit.de

Urteile nicht.
Alles ist gut, so wie es ist.

Einleitung und Vorbemerkungen

Wir leben in einer Zeit, in der immer mehr unserer Freiheiten eingeschränkt werden. Unsere Arbeit ist reglementiert, Geld zu verdienen ist reglementiert, über dieses Geld selbst frei zu verfügen ist auch nicht mehr möglich.

Was viele Menschen aber nicht wissen, ist, dass gleichzeitig die Anzahl der Möglichkeiten für eigene neue Freiräume steigt. Einschränkungen und Reglementierung erfahren wir ohne unser Zutun. Sie sind das Werk dieser Welt, das Werk von Verwaltungen, Regierungen und herrschenden Strukturen. Persönliche Freiheit aber kann nur unser eigenes Werk sein. Dafür sind wir alleine zuständig. Das ist nicht die Aufgabe Anderer, sondern unsere eigene und persönliche Verantwortung.

Freiheit ist eine Holschuld. Wir bekommen sie nicht geschenkt, denn wir haben sie schon. Um Freiheit (er)leben zu können, dürfen wir erkennen, dass sie schon immer in uns existierte.

Denke an einen Trapper, einen Jäger in den Weiten Kanadas. Um wirklich frei zu sein, muss er lernen, wie er sich in der Wildnis bewegt, wie er sich ernähren kann, wie er sich schützen muss. Er muss die Spielregeln der Wildnis lernen.
Genauso ist es auch in unserer Gesellschaft: So wie sich der Trapper aus der Stadt in die Wildnis, in seine Freiheit begibt, so können auch wir uns neue, individuelle Freiräume schaffen.

Leider lernen wir Freiheit nicht in der Schule, nicht in der Ausbildung und erst recht nicht auf der Universität. Auch haben nur wenige Menschen in ihrem Elternhaus Freiheit erlebt.

In diesem Buch gebe ich Denkweisen und Werkzeuge an die Hand. Es ist lediglich zu prüfen, ob dieser Weg auch Dein Weg sein könnte.

Für Deine persönliche Freiheit
bist nur Du alleine zuständig.

Was bedeutet Freiheit?
Für mich ist das höchste Maß an Freiheit dann gegeben, wenn ich meinen Lebenssinn erfüllen kann, indem ich meiner Berufung folge. Dies ist mein Ziel für jeden einzelnen Tag. Dabei habe ich die Erfahrung gemacht, dass alles, was in mein Leben kommt, einen tieferen Sinn beinhaltet: die Hilfen ebenso wie die Prüfungen.

„Un“-Freiheit gibt es in vielen Bereichen – dafür fünf Beispiele:

1. Die Freiheit für unternehmerisches Handeln.
Sie ist in ihrer Standardform, der Selbstständigkeit und dem Unternehmertum bereits sehr stark reglementiert und damit eingeschränkt. Viele Unternehmer klagen darüber.

2. Die Freiheit von Religion und Medizin.
Beide Bereiche sind vielen Menschen wichtig, sind aber durchsetzt mit Dogmen und Denkverboten. Dazu später mehr.

3. Die rechtliche Freiheit in unserer heutigen Gesellschaft.
Heute könnten wir Traumberuf, Traum-Wohnsitz und Traumpartner wählen. Freiheit würde bedeuten, dies auch zu tun. Meine Erfahrung aber ist, dass Anpassung, Manipulation und „politische Korrektheit“ Gefängniszellen in unsere Köpfe gepflanzt haben.

4. Die sogenannte finanzielle Freiheit in ihren unterschiedlichen Ausprägungen: z.B. genügend zum Leben zu haben oder von den Zinserträgen leben zu können. Ich erlebe aber, dass immer mehr Menschen über Geldmangel und Armut klagen.

5. Diese Aufzählung wird immer unvollständig bleiben. Meiner Meinung nach ist die wichtigste Freiheit die „Innere Freiheit“. Es ist die Freiheit, als eigenständiger Mensch voller Vertrauen und ohne Angst unser eigenes Leben zu leben und unserer eigenen Berufung zu

Wer seine Berufung lebt, kann nachhaltige Freiheit empfinden.

folgen. Ich sehe darin die einzige Möglichkeit, ein dauerhaftes und nachhaltiges Freiheitsgefühl zu erleben.

Stell Dir vor, Dein gesamtes Leben sähe in allen Facetten so aus:
Du würdest Deiner Berufung folgen, würdest das tun, wofür du brennst, eigenverantwortlich und in „Handschlagqualität", zusammen mit anderen Menschen leben, lieben und lachen.

Dann wäre der nächste Schritt, Menschen zu finden, denen wir damit einen echten Nutzen bringen können (Meine Erfahrung ist: Das macht Freude). Haben wir diese Menschen gefunden, dann ist die Frage: wer kann dafür bezahlen?

Wer von uns hat folgende drei Schritte jemals gelernt:
1. Berufung leben
2. Menschen finden, die davon Nutzen haben
3. Einen Ausgleich, die Bezahlung dafür einzufordern?

In staatlichen und wirtschaftlichen Einrichtungen, wie z.B. in Schule oder Universität haben wir das nicht gelernt.

In Schule und Universität lernen wir, was Andere für uns vorgedacht haben. Das nenne ich Unfreiheit und freiwilliges Sklaventum.

Es gibt Menschen, für die ist das in Ordnung. Sie haben sich Ihr Leben so eingerichtet und kommen damit gut zurecht. Und es gibt andere Menschen, die möchten

„anders sein".

Anders sein als die Masse. Dieses Prinzip zu kennen ist für den Weg in die Freiheit hoch wertvoll. Dieses Buch soll dabei helfen, unser Denken zu weiten. Weiten für neue, einfache Möglichkeiten, mit denen wir unsere eigenen Freiräume schaffen können.

VER - EIN - FACH - EN

Die deutsche Sprache ist ein wahrer Schatz.
Was steckt alles in diesem Wort?

vereinfachen
vereinen
einen
Verein
einfach
ein Fach

1. Finde Deine Berufung

Die eigene Berufung zu leben kann der Schlüssel für die Tür in die persönliche Freiheit werden. In der Berufung wird es leichter, unbeschwerte Freiheit zu empfinden. Die folgenden Fragen können helfen, die eigene Berufung zu erkennen oder zu überprüfen.

- Was macht Dir WIRKLICH Freude?
- Bei welchen Tätigkeiten spürst Du starke Energie?
- Bei welchen Tätigkeiten erntest Du Bewunderung?
- Was ist Dein Verlangen?
- Wofür brennt Dein Herz?
- Was bringt Dein Herz zum Hüpfen?

Hierzu eine kleine Geschichte:

Der Mann einer Freundin von mir schlug nach seinem Studium eine Laufbahn in der Verwaltung ein. Er hatte es weit gebracht, er war aufgestiegen, im mittleren Dienst verbeamtet und verdiente gutes Geld. Die Beiden konnten sich ein eigenes Haus leisten, es ging ihnen also gut. Die Sache hatte nur einen Haken:
Er lebte seine Berufung nicht und merkte es daran, dass ihm seine Arbeit von Tag zu Tag schwerer fiel. Schon lange suchte er seinen Ausgleich im Sport. Er liebte Sport. Er hatte Sport sogar damals als Studienfach belegt. Sein Körper war athletisch, durchtrainiert und konditionsstark. Dieser Mann saß täglich frustriert in seiner Amtsstube.

Wenn Du das machst, was Du liebst,
musst Du nie mehr arbeiten.

Konfuzius

Seinen Urlaub nutzte er nur für „seinen" Sport: er trainierte für den IRONMAN Austria. 3,8 km Schwimmen, 186 km Radfahren, 44 km laufen, 5800 Höhenmeter. Viele würden das als verrückt bezeichnen, aber sein Herz hüpfte, er blühte auf dabei. Er trainierte so lange, bis er am Wettkampf teilnehmen konnte. Und er wurde Sieger in seiner Altersklasse. Natürlich hätte er jetzt sagen können: „Davon kann ich nicht leben. Ich habe ein Haus, Darlehen, eine sichere Beamtenlaufbahn, das kann ich doch nicht alles wegwerfen." Er hat trotzdem gekündigt, trotz des Widerstandes seines eigenen Egos, der Warnungen seiner Eltern und vieler Freunde.
Heute ist er glücklich, er ist Personal-Fitness-Coach. Er begleitet gegen Honorar andere Menschen für eine gewisse Zeit auf ihrem Weg zur Fitness. Er liebt, was er tut, er tut, was er liebt. Er empfindet seinen jetzigen Beruf nicht mehr als Arbeit, denn er hat seine Berufung gefunden. Er ist heute froh über seine Entscheidung und ginge um keinen Preis der Welt zurück in die Beamtenstube.

Jetzt

In dem Augenblick, in dem man sich endgültig
einer Aufgabe verschreibt,
bewegt sich die Vorsehung auch.

Alle möglichen Dinge,
die sonst nie geschehen wären,
geschehen, um einem zu helfen.

Ein ganzer Strom von Ereignissen
wird in Gang gesetzt durch diese Entscheidung,
und sie sorgt zu den eigenen Gunsten
für zahlreiche unvorhergesehene Zufälle,
Begegnungen und materielle Hilfen,
die sich kein Mensch
vorher je erträumt haben könnte.

Was immer Du kannst oder Dir vorstellst,
dass Du es kannst, beginne es.

Kühnheit trägt Genie, Macht und Magie in sich.

Beginne jetzt!

Johann Wolfgang von Goethe
(1749 in Frankfurt am Main; † 1832 in Weimar, Dichter,*
Dramatiker, Theaterleiter, Naturwissenschaftler,
Kunsttheoretiker und Staatsmann)

Alles beginnt mit einer Entscheidung.
Auch mir ist es einst so ergangen:

Heute bin dankbar, meine Berufung gefunden zu haben. Damals führte ich ein Handelsgeschäft und ein Handwerksunternehmen. Bestens ausgebildet als Handwerksmeister und Betriebswirt, sah ich in diesem Leben meinen Erfolg. Durch den Vorsitz und die Mitarbeit in verschiedenen Organisationen und Gremien war ich immer über alles Wichtige in meiner Region informiert. Dachte ich!
Am Sonntag, den 1. April 2001, nachmittags um 14:15 Uhr, wurde alles anders. Wie so oft, saß ich am Schreibtisch und hatte gerade die Quartalsabschlussarbeiten beendet. In diesem Augenblick durchfuhr eine Erkenntnis meinen ganzen Körper:

"Das System hat einen Fehler!"

Innere Panik brach aus. Mein Weltbild änderte sich schlagartig. Obwohl ich alles „richtig" gemacht hatte - also so wie es mich früher gelehrt wurde - entwickelten sich sowohl mein Leben als auch mein Unternehmen in eine falsche Richtung. Der Arbeitsaufwand stieg kontinuierlich, die Umsätze kamen kaum nach und der Ertrag sank. Ich hatte lange den Fehler bei mir gesucht. Heute weiss ich: Mein einziger Fehler lag darin, dass ich immer nur getan hatte, was ich gelernt hatte, was Andere für mich vorgedacht oder mir beigebracht hatten. Ich tat nicht das, was mein Herz sagte und nicht das, wonach mein Bauchgefühl verlangte. Ich konnte sogar errechnen, für wie viele Jahre die Unternehmens-Substanz noch reichen würde.

Mein früherer Plan ging also nicht auf!

Der Weg ist das Ziel ist.
Geh los!

An diesem 1. April 2001 um 14:15 Uhr traf ich eine Entscheidung:

Ich muss meinen eigenen Weg selbst finden.

Ich fühlte mich wirklich schlecht. Richtig übel. In dieser Situation kam mir ein schlimmer Verdacht:

Wenn ich das tue, was ich innerhalb des Systems gelernt habe, und die erwarteten Ergebnisse nicht eintreffen, dann muss das System große Fehler haben. Das war damals mein Glaubenssatz.
Ich fing an, die Fehler im System zu suchen. Die Suche hat mich zu der Klarheit geführt, dass das System keine großen Fehler, sondern komplett andere Ziele hat als ich.

Ich kam zu dem Schluss, dass das Ziel des Systems nicht der Erfolg des einzelnen Menschen ist, sondern der Erhalt der eigenen Macht über die Menschheit. Dieses Ziel des Systems ist für mich persönlich als Lebenskonzept nicht brauchbar.

Ich begab mich also auf die Suche nach anderen Sichtweisen. Nach sechs Monaten fand ich einen weisen und Klartext sprechenden Mentor. Sein eigenständiges Denken und Handeln, seine komplette Unabhängigkeit von Politik, Wirtschaft und Medien haben mich fasziniert.

Meine Suche sollte einige Jahre dauern. Auf diesem Weg lernte ich, dass jeder Rückschlag, jede Tragödie, jedes Missgeschick dazu diente, mich meiner Berufung näher zu bringen und mich darauf vorzubereiten.

2. Es ist nicht alles, wie es scheint

Trauen wir uns zu denken, dass es noch viele andere unterschiedliche Sichtweisen gibt als jene, die von Politik und Medien diktiert werden? Trauen wir uns überhaupt zu denken, dass es viele weitere Möglichkeiten geben könnte als nur jene, die uns Bildungssysteme, Wirtschaft und die meisten Stellvertreter des Systems vorgeben? Als Stellvertreter dieses Systems meine ich z.B. Steuerberater, Rechtsanwälte, Ärzte.

Alles, was wir in und von diesem System erfahren, ist nur ein kleiner Teil der Wahrheit. Und trotzdem möchte uns dieses System glauben machen, es sei vollkommen und allumfassend. Dabei existieren reichlich Möglichkeiten freiheitlicher Lebenskonzepte und alternativer Sichtweisen.

Als es am 1. April 2001 um mein Unternehmen ging, betrachtete ich nur mein Unternehmen und die Branche und stellte fest, dass diese Strukturen andere Ziele verfolgen als ich. Wenn ich jetzt unsere BRD betrachte, dann erkenne ich ebenfalls, dass die Verwaltung der BRD andere Ziele hat als ich, der Bürger, ich als Deutscher.

Dann stellte ich mir eine Frage: Wie kann es sein, dass von 80 Millionen Bundesbürgern die meisten hart arbeiten, durch diese Arbeit eine der höchsten Produktivitätsraten der Welt erreichen, dabei aber gleichzeitig die Reallöhne sinken und die Staatsverschuldung steigt?

Die Antwort lesen wir in einem Zitat aus dem Jahre 2008, das Joschka Fischer, ehemaliger Bundesminister und Autor des Buches „Risiko Deutschland“, zugeschrieben wird:

> *"Deutschland ist ein Problem, weil die Deutschen fleißiger, disziplinierter und begabter als der Rest Europas sind. Das wird immer wieder zu 'Ungleichgewichten' führen. Dem kann aber gegengesteuert werden, indem so viel Geld wie nur möglich aus Deutschland herausgeleitet wird. Es ist vollkommen egal, wofür. Es kann auch radikal verschwendet werden - Hauptsache, die Deutschen haben es nicht. Schon ist die Welt gerettet."*

Dieses Zitat hat mich sehr wütend gemacht! Ich musste erkennen, dass die Mehrheit der Menschen in Deutschland Teil eines Spiel wurden, das sie nicht kennen und über dessen Regeln sie niemals aufgeklärt wurden.

Das Spiel heißt:
Wie beschäftigt und manipuliert man die Menschen und leitet gleichzeitig viel Geld aus Deutschland heraus?

Verwirrspiel BRD

Wer oder was ist eigentlich die BRD? Mit dieser Frage bin ich direkt zur Spitze gegangen: Zur Bundesregierung und dem Deutschen Bundestag. Der gibt ein Grundgesetz heraus, in dem man Folgendes nachlesen kann:

„Der Bund tritt in die Rechte und Pflichten
der Verwaltung
des Vereinigten Wirtschaftsgebietes ein."
Artikel 133 des Grundgesetzes FÜR die BRD

Meine Übersetzung dazu lautet: Im Jahre 1949 wurde die BRD „Rechtsnachfolger" der damaligen Militärverwaltung der Besatzungszonen. Das bedeutet, sie hat rechtliche und Führungsaufgaben in diesem Land übernommen und erstellt seither die Spielregeln, nach denen wir bis heute unbewusst tanzen.

Manche Politiker haben sogar den Mut, über dieses Verwirrspiel zu sprechen. Hier ein Zitat von Gregor Gysi, Fraktionsvorsitzender im Deutschen Bundestag, Parlament der BRD, am 8.8.2013 im Phoenix Fernsehinterview:

„Ich muss Ihnen mal ganz ernsthaft sagen, dass das Besatzungsstatut immer noch gilt. Wir haben nicht das Jahr 1945, wir haben das Jahr 2013. Könnte man das nicht mal aufheben und die Besatzung Deutschlands beenden, also ich finde, es wird höchste Zeit. Ein paar mutige Schritte müssen gegangen werden. Und mich stört auch, dass unsere Bundeskanzlerin nichts macht. Die müsste jetzt ja eigentlich täglich mit Obama telefonieren und versuchen zu klären, um dann der Bevölkerung zu sagen, dass wird so und so und dann und dann beendet. Aber nichts hört man...“.

Es würde den Rahmen dieses Buches sprengen, die Zusammenhänge dieses Verwirrspieles auf allen Ebenen zu durchleuchten. Dieses Verwirrspiel wird wohl noch einige Zeit andauern. Deswegen werden staatliche Verwaltungsstrukturen und Staatsbetriebe privatisiert. Aus Ämtern wie z.B. dem Arbeitsamt wird eine „Agentur für Arbeit“, aus Staatsbetrieben wie z.B. die Bundesbahn und Bundespost wurden Aktiengesellschaften (Deutsche Bahn AG, Deutsche Post AG, Deutsche Telekom AG usw.).

Ich bin heute froh darüber, dass mir meine Wut über Missstände, Rechtsbeugung und Unrecht in diesem Land die Kraft gab, neue Wege zur Unabhängigkeit, Freiheit und in meinen Frieden zu finden.

Ich denke, wir können dieses Verwirrspiel nicht auflösen. Deswegen lade ich ein, den Blick auf Alternativen zu richten.

Privatisieren – vom lateinischen „privare“
deutsche Übersetzung: „befreien, berauben“

Alternativen können z.B. folgende sein: Werteorganisierte Gruppen und Vereinigungen zu unterstützen, zu bilden und zu vernetzten. Auf diese Art entstehen Gesellschaftsformen mit neuen Werten und Qualitäten. Ich nenne diese Strukturen „Parallelgesellschaften".

Wie schon gesagt, zieht sich der Staat aus vielen Bereichen zurück, z.B. aus den Bereichen Bildung, Information, Gesundheit. Er verhindert die Bildung neuer Lebensgemeinschaften, gegenseitige Hilfen und Arbeitsgruppen und wirtschaftliche Kooperationen. Deshalb ist es eine Aufgabe der sog. „Parallelgesellschaften", Interessengemeinschaften zu bilden, die sich friedlich organisieren und Funktionen für die Gesellschaft übernehmen.

Die Frage an dieser Stelle ist:
Welche Möglichkeiten gibt es, Interessengemeinschaften und Parallelgesellschaften zu bilden?
Eine zielführende Antwort darauf dürfen wir nicht von den Vertretern des BRD-Systems erwarten, also nicht von den sog. „Spezialisten" aus Wirtschaft, Recht und Politik.
Antworten auf diese Frage stehen im Kapitel 5.

Der Preis für die Freiheit,
aus dieser Struktur auszubrechen,
ist Eigenverantwortung.

Basis der Gesellschaft

Ein weiterer Grund, mich anders zu orientieren, war der Blick auf die Grundlagen der BRD. Ihre jetzige Gesellschaftsstruktur wird getragen von drei existenziellen Säulen.

- **das Chaos**
  (politisch, rechtlich und gesellschaftlich)
- **die Bewirtschaftung**
  (besonders durch Steuern, Abgaben, Energiepreise, Gesundheitssystem)
- **die Manipulation**
  (z.B. durch Massenmedien, öffentliche Meinung, Schulen, Universitäten)

Für mich bedeuten diese drei Säulen zwar eine große Unfreiheit, doch verglichen mit den vergangen Jahrhunderten scheinen mir diese Säulen das weitaus geringer Übel. Denn etwa vom 14.Jhdt. bis zum Ende des 2.Weltkrieges waren Gewalt und Krieg auch in Europa häufige Mittel der Politik.

Es ist wie es ist.

Urteile nicht.

Verurteile niemals.

nach Matthäus 7.1.

„Richtet nicht, auf dass ihr nicht gerichtet werdet."

3. Freiheit

Was ist Freiheit eigentlich? Bedeutet sie, tun und lassen zu können was man möchte?

Ich glaube nein. Wir brauchen Ordnung, wir brauchen Systeme, wir brauchen Strukturen. Diese sind auch dann noch nötig, wenn große Freiräume, große Freiheiten und Parallelgesellschaften wachsen. Beides hat nebeneinander seine Berechtigung, denn viele Menschen streben nach der Sicherheit aus den bestehenden Strukturen.

Andere wiederum streben nach Autonomie und Eigenverantwortlichkeit und wählen Alternativen, auf die ich im Kapitel 3 noch eingehen werde.

Wer Eigenverantwortung für seine Freiheit übernimmt, der hat aus den bereits genannten Gründen mehr Möglichkeiten als je zuvor, sein Leben in Freiheit zu gestalten.

Wenn Du jemandem vertraust,
dann brauchst Du mit ihm keinen
schriftlichen Vertrag.
Wenn Du jemandem nicht vertrauen kannst,
dann wird Dein Vertrag nutzlos sein.
Darum schreibe einen Vertrag niemals,
um jemanden zu binden,
sondern nur um sicherzustellen,
dass ihr beide das Gleiche meint.

fei nach Jean Paul Getty

---

4. Werte einer Parallelgesellschaft

Es gibt sie, die echten Werte. Ein Umfeld, in dem Kinder ihre Vorbilder finden, Idole, die ihren Namen verdient haben. Gemeinschaften, in der Ehrlichkeit und Loyalität, gegenseitige Hilfe und Unterstützung normal sind. In der Respekt und Vertrauen selbstverständlich sind und in der jedes Mitglied die Freiheit hat, seine Talente zu seiner Berufung zu entwickeln und so die besten Früchte aus seiner Arbeit hervorbringt.

Frauen dürfen Frauen, Männer dürfen Männer, Kinder dürfen Kinder bleiben. Kluge dürfen klug sein, Naive naiv. Fleißige dürfen viel, andere weniger arbeiten, und jeder bekommt seinen gerechten Lohn. Kranke dürfen krank sein, sie werden getragen und können in Ruhe ihre Heilung durchleben. Gesundheit ist normal, Krankheit bringt keinen Profit mehr. Ein friedlicher Umgang bringt Harmonie, denn für jeden ist gesorgt, es gibt keinen Anlass mehr für Angst und Neid. Ein gesunder Egoismus verbindet sich mit ehrlichem Gemeinschaftssinn zu einem neuen Geist. Es entsteht ein neues Denken. All dies wird vorgelebt statt unterrichtet. Wer gehen will, kann gehen, wer bleiben will, kann bleiben. Ich kenne viele Menschen, die in diesen kleinen Gemeinschaften leben.

Einfach MACHEN – EINFACH machen

Wie ich schon erzählt habe, haben mich Wut und Enttäuschung über das Chaos und das Verwirrspiel innerhalb der BRD in meine heutige Autonomie getrieben. Im Rahmen von Vereinen und Verbänden gibt es für mich nun Handlungsmöglichkeiten und Freiräume, die zuvor undenkbar waren. Diese Freiräume werden durch eigens erstellte Satzungen organisiert, die den Rang einer Verfassung haben. Im Gegensatz zu den Gesetzen der BRD bestehen Satzungen aus wenigen Seiten. Dies vereinfacht das Leben und die Entscheidungen enorm:

Auf der Grundlage eigener Satzungen und damit eigener Rechtsräume ist ein einfaches menschliches Miteinander nach den Werten (wie oben aufgeführt) möglich geworden. Es würde den Rahmen dieses Buches sprengen, alle alltäglichen Erleichterungen und Einzelheiten aufzuzählen, daher seien nur wenige Beispiele genannt:

- *ein einfaches Miteinander für alle Aktivitäten*
- *Vereinbarungen „auf Zuruf“, das bedeutet ein Zusammenwirken auch ohne Verträge*
- *zahlreiche wirtschaftliche Erleichterungen*
- *minimale Schreib- und Verwaltungsarbeit*

Wer unternehmerische Pflichten kennt, wird überrascht sein, um wie viel einfacher das Agieren innerhalb eines Vereines ist.

Sogar Behörden innerhalb der BRD nutzen eigens gegründete Vereine, denn auch sie wissen die Einfachheit und die juristische Sicherheit eines eigenen Rechtsraumes innerhalb eines Vereines zu schätzen.

Drei Beispiele, wie Behörden Vereine führen

1. Jugendliche werden oft zu sozialem Dienst verurteilt. Dieser Dienst muss in einer anerkannten, gemeinnützigen Einrichtung abgeleistet werden. Der Richter, der den Jugendlichen zu einem sozialen Dienst „verknackt“, schickt ihn ins Nebenzimmer zum Kollegen Staatsanwalt. Der wiederum ist gerne mal der Vorstand eines entsprechenden Vereins und entscheidet darüber, wie und wo die Arbeitsleistung des Verurteilten einzusetzen ist. (Da diese Arbeitsleistung einen beträchtlichen Wert für die Menschheit darstellen kann, wünsche ich mir als Staatsanwälte ehrenwerte Menschen.)

2. In einem anderen Fall organisiert ein Verein sog. „Hagelflüge“. Das sind Einsätze von Sprühflugzeugen, die Unwetterlagen beeinflussen sollen. Ein solcher Verein hat seinen Sitz im Landratsamt Rosenheim und nennt sich: „Verein zur Erforschung der Wirksamkeit der Hagelbekämpfung im Raum Rosenheim e. V.“

3. Auch mehrere Nationen können sich „vereinen“. Sie nennen sich dann z.B.: „Vereinte Nationen“, „UN“, „UNO“, „Vereinigte Staaten von Amerika“ oder „Europäische Union“. Die Satzungen solcher Vereine tragen Bezeichnungen wie „Vertrag von Lissabon“, „Charta der Menschenrechte“ oder „Weltpostvertrag“.

Ein Verein ist eine Privatvereinbarung der Mitglieder untereinander.

Ein schönes Beispiel für menschliches Miteinander

Drei Nachbarn stehen sich an ihrer gemeinsamen Grundstücksgrenze gegenüber und treffen eine Verein-bar-ung(1). Sie lautet: Jeder der drei gibt 20 m² seines Grundstücks für einen gemeinsamen Spielplatz. Der erste stiftet eine Schaukel, der zweite eine Rutsche und der dritte baut einen Sandkasten.

Was ist geschehen? Sie haben eine mündliche, private Verein-barung getroffen.

Das ist die einfachste Grundform eines Vereins. Diese private Vereinbarung steht über allen damit konkurrierenden Gesetzen. Den Kindern darf der Zugang zu den jeweiligen 20 m² der Nachbargrundstücke nicht verwehrt werden und Gesetze über Hausfriedensbruch oder Besitzstörungsklagen greifen nicht, solange diese Vereinbarung besteht.

Üblicherweise verwenden wir den Begriff „Verein" erst dann, wenn die Vereinbarung schriftlich festgehalten wurde (Satzung). Diese Grundform eines Vereins schafft bereits ein neues Recht. Dieses Recht muss sich immer im Rahmen der „guten Sitten" bewegen und darf keine außenstehenden Interessen schädigen. Dann gilt dieses Recht als „höchstes Recht".

(1) Wortbedeutung „bar" = altdeutsch „offen daliegend, für jeden sichtbar"
Ein Verein ist „offen-sichtlich" entstanden

Idealisten, die klug handeln
und wirtschaftlich denken,
können die Welt zum Guten verändern.

5. Mein Lieblingsverein

Auf dem Weg in meine Autonomie durfte ich einiges lernen. Zum Beispiel, dass ich ganz unterschiedliche Funktionen ausfüllen kann. Einmal bin ich für mich, für meine Person, unterwegs, das ist meine „Natürliche Person“. Bin ich für einen Verein tätig, wird mein Tun und Handeln und dessen Ergebnis einer anderen Person zugerechnet, nämlich der “Juristischen Person“ des Vereins. Das bedeutet, ich bin in der Funktion für dieser juristischen Person aktiv.

Folgende Tabelle wird helfen, dieses Phänomen zu verstehen.

	Beispiel 1	*Beispiel2*	*Beispiel 3*
Der Mensch	PapstBenediktXVI	Michael	Bertram
Natürliche Person	Josef Ratzinger	Michael Berger	Malermeister Bertram Fröhlich
Juristische Person	Vatikan	Michael Berger GmbH	Freude e.V.

Tabelle: Mensch und Personen

Zum besseren Verständnis ein paar Erklärungen:

- Normalerweise führe ich alle meine Aktivitäten in unserem BRD-System als „Natürliche Person“ aus.
  (Beispiel aus der Tabelle: Bertram Fröhlich)
- Werde ich wirtschaftlich oder gewerblich tätig, gelten für meine „Natürliche Person“ die Spielregeln für Selbstständige und Unternehmer.
  (Beispiel: Malermeister Bertram Fröhlich)

Vereinfachung ist der Schlüssel zu mehr Freude im Leben.

- Handle ich mit Freunden und Partnern zusammen, entsteht automatisch eine GbR, eine „Gesellschaft bürgerlichen Rechts“. (Beispiel: Berger und Fröhlich)
- Gründe ich für wirtschaftliche Tätigkeiten eine GmbH, wird das Handeln der „Juristischen Person“ der GmbH zugesprochen. (Beispiel: Michael Berger GmbH)
  (Ich habe erlebt, dass diese Variante unsicher ist, weil Behörden und Ämter die Zuordnung zur Person der GmbH auch ignorieren können.)
- Gründe ich mit Freunden und Partnern einen ideellen Verein, wird das Handeln dem Verein zugesprochen. Mit Gründung und Eintragung im Vereinsregister entsteht für die Vereinstätigkeit der Mitglieder dieses ideellen Vereins
  ein neuer, eigener Rechtsraum. Die Satzung ist höchstes Regelwerk. (zum Beispiel: Freude e.V.)

Beispiele für ideelle Aktivitäten sind: helfen, aufklären, Bürgerinitiative, Freizeitgestaltung, Sport, Hobby, Förderung von Forschung, Kunst, Kultur, Volksbildung, Erziehung, Internationale Gesinnung, Toleranz, Völkerverständigung, Lebensfreude, Tierschutz und vieles mehr.

Wenn Du Dir solch einen Rahmen als Lebensvision vorstellen kannst, empfehle ich dir, die Kontakte zu nutzen, die am Ende des Buches aufgeführt sind.

***Die Netzwerke von heute
sichern die Grundlagen
für nachfolgende Generationen.***

Überblick: Vereine, Genossenschaften und Stiftungen

Ein Verein ist eine private Vereinbarung seiner Mitglieder untereinander. Im Inneren organisiert er sich grundsätzlich eigenständig. Nach außen fügt er sich in das gesellschaftliche Leben ein. Der Verein ist die Grundform, aus der u.a. Genossenschaften, Verbände, Parteien und Kammern entstehen.

Unterschiede im Grundsatz

Vereine, Genossenschaften und Stiftungen haben große Ähnlichkeiten und können manchmal gleiche Aufgaben erfüllen. Ihre Grundideen aber sind komplett verschieden.

Der Verein…
…ist ein Zusammenschluss von Personen für bestimmte Aktivitäten.
Er ist handlungsorientiert.

Die Genossenschaft…
…ist ein Zusammenschluss von Personen für gemeinsame Aktivitäten.
Sie ist wirtschaftlich orientiert.

Die Stiftung…
…ist eine sich selbst gehörende Vermögensmasse mit dem Ziel, einen bestimmten Zweck zu fördern.

Der Sinn des Lebens liegt nicht in Erfolgen, sondern in Beziehungen.

Voraussetzung für eine Gründung

In vielen Jahren Vereinsaktivität durfte ich erkennen, wie wertvoll eine klare und stabile Führung ist. Wenn Visionen und Ziele zum Zweck eines Vereins festgelegt sind, dann soll für sie möglichst alle Energie zur Verfügung stehen. Unter Menschen kann es menscheln, und Diskussionen, Streit oder Machtkämpfe kosten Zeit und Energie. Hier sind Führungsqualität und Führungskompetenz in der Vereinsspitze gefragt. Ein kleiner Erfahrungsbericht aus meinem Leben:

Seit ich vor über 20 Jahren den Vorsitz in einem Verband übernommen habe, durfte ich sehr viel lernen. Mein Vorgänger war eine großartige Führungskraft, auch innerhalb zahlreicher anderer Organisationen. Er führte den Verband recht autoritär, aber immer im Sinne der Verbandsziele. Er hatte die Gabe, Menschen mit großen Fähigkeiten mit in seine Arbeit einzubinden. Innerhalb dieses Verbandes war er ein wunderbarer Manager und Motivator. Natürlich gab es Diskussionen, aber niemals Streit. Entscheidungen und Abstimmungen richteten sich niemals gegen ihn persönlich. Er wurde wiederholt mit großer Mehrheit in seinem Amt bestätigt.
Als er nach 12 Jahren sein Amt abgeben wollte, war es für ihn eine Selbstverständlichkeit, die Verantwortung für eine qualifizierte Nachfolge zu übernehmen. Er wählte mich aus, begleitete mich und gab mir viele wichtige Tipps. Unter anderem diesen: „Du brauchst einen zuverlässigen, stellvertretenden Vorsitzenden, mit dem Du gut zusammenarbeiten kannst. Sonst wird es schwer", war sein erster Rat. Danach erklärte er mir, wie sich der Ausschuss zusammensetzen sollte, der für die wesentlichen Abstimmungen zuständig war: „Suche Dir genügend Kandidaten, Menschen, die nicht zuerst an sich selbst denken, sondern die Dir gegenüber loyal sind und 100% zum Verbandszweck stehen.

Wenn Du glaubst,
Deine Vision alleine erreichen zu können,
wenn Du glaubst Deiner Berufung
alleine folgen zu können,
dann denkst Du vielleicht zu klein.

Manuel Martin Siegfried

Tue das, auch wenn das ganze Gremium neu gewählt werden muss."
Ich bekam weitere Hilfen. Z.B. erklärte er mir, dass ich Versammlungen gut vorbereiten sollte, dass ich wichtige Daten und Informationen kurz zu fassen hätte und auf jeden Fall immer der Versammlungsleiter zu bleiben habe. Bei Diskussionen hätte ich das Wort zu erteilen und notfalls auch zu entziehen. Ich sei ausschließlich der Satzung gegenüber verantwortlich.
Ganz wichtig war folgender Tipp: vor Abstimmungen sollte ich immer wissen, ob eine Mehrheit tatsächlich zustande kommen würde.

Einen Satz höre ich noch heute in meinem Ohr: „Wann immer eine Wahl ansteht, sorge dafür, dass ein geeigneter Kandidat zur Verfügung steht, der Dein Vertrauen verdient, der seine Mehrheit bekommen wird und bereit ist, das Amt anzunehmen. Innerhalb der Versammlung jemanden zu finden ist schwierig!".
Ein einziges mal habe ich diese Regel nicht eingehalten. Danach wusste ich: Er hatte Recht.

Im Laufe vieler Jahre habe ich erkannt, wie wertvoll es ist, diese persönlichen Soft Skills zu entwickeln, um der Führungsverantwortung gerecht zu werden. Ich habe erlebt, dass die Entwicklung dieser Qualitäten eine große Bereicherung für mich darstellt und mich mehr und mehr in meine innere Freiheit geführt hat.

Über den Autor

Der Autor, geboren in Oberbayern, ist Vater zweier erwachsener Kinder. Er war 30 Jahre lang unternehmerisch tätig und arbeitet heute ausschließlich ehrenamtlich in nationalen und internationalen Körperschaften wie Verbänden. Als Botschafter für eine bessere Welt verfolgt er einen friedvollen Weg des radikalen Wandels. Er ist Christ, gehört aber keiner Religion an. Er bekennt sich zu christlichen, zu moralischen, sittlichen und kulturellen Werten unserer Ahnen und unserer ursprünglichen Kultur. Dabei verknüpft er diese Werte mit den praktischen Möglichkeiten unserer stark materialistisch geprägten Gesellschaft zu umsetzbaren Konzepten. Dogmen lehnt er grundsätzlich ab.

Der Erlös dieses Buches fließt zu 100 % den gemeinnützigen Zwecken verschiedener Körperschaften zu.

Kontakt

Weitere Informationen
und Kontaktmöglichkeiten
zum Autor und zu Netzwerken
auf der Verlagsseite:

www.besser.info

Verlagsprojekt www.besser.info
Förderinstitut für Lebensqualität e.V.
Postkellerstraße 18
83329 Waging am See
Tel. 08681/45227
info@FFLQ.eu

Ich danke dafür, dass dieses Buch entstehen konnte. Der Dank gilt ganz besonders meiner verstorbenen Frau, die mich das Lachen gelehrt hat. Ich danke auch meinen Kindern, meinen Eltern und meiner Partnerin für ihre Geduld und ihr Verständnis. Mein Wandel hat es meinem Umfeld nicht immer leicht gemacht. Mein Dank gilt außerdem meinen Mentoren und Freunden, durch die ich eindrückliche Erfahrungen erlebt habe.

Genauso bin ich dankbar für die oft unerwarteten Hilfen und Informationen aus dem BRD-System.

Ich danke allen Menschen, die mich auf meinem Weg begleitet und beeinflusst haben. Sie alle waren daran beteiligt, meine Berufung finden zu können.

Manuel Martin Siegfried